Wahrlich fuck you du Sau,
bist du komplett zugeschissen
in deinem Leib drin
oder:
Zehrung Reiser Rosi
Ein Gesang

Lydia Haider

Wahrlich fuck you du Sau, ...

EIN GESANG

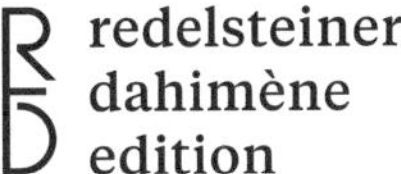

redelsteiner
dahimène
edition

Für
Whourkr: 4247 Snare Drums (full album)

Erste Auflage 2018
redelsteiner dahimène edition, Wien
www.rdedition.com

Umschlag, Gestaltung und Satz: Büro für Gestaltung, Wien
Patrick Anthofer, Harald Göstl
Cover & Zeichnungen: Puneh Ansari
ISBN: 978-3-9504650-0-6

Inhalt

Ein solches wie wir das ist weiß und rot, auserkoren unter vielen Tausenden, mein lieber Freund mit uns hat sich die Spreu vom Weizen aber sowas von deutlich getrennt, dass dir streng das Eitrige aufgeht wenn du das realisierst, gleichwohl eine Angelegenheit, die das gemeine Volk nicht übernasert, längst nicht mehr versteht jemand ein solches, denn deren Seele ist gebeugt zur Erde, ihr Leib klebt am Erdboden und sie kriechen zu Kreuze des Altvordershits wie ihre Vorfahren seit jeher getan und niemand kann ihnen das abdingen, und setzt sich nun solch einer wider uns selbst und ist mit uns selbst uneins, so kann er überhaupt nicht bestehen, sondern es ist aus mit ihm, unweigerlich aus ist es mit solchen wenn du nicht einmal mehr ehrlich mit den Führern gehen kannst, mit uns Lehrmeistern, schon gar nicht etwas reißen, am Machtküchlein mitfressen vergiss es, so aber alle Glieder ein Glied sind, machen sie einen Leib, nicht wahr, denn gleichwie ein Leib ist, und hat doch viele Glieder, alle Glieder aber des Leibes, wiewohl ihrer viel sind, doch ein Leib sind, so braucht es Leib um Leib, aber schau dir die Leute hier an, jeder einzelne so hinüber, degeneriert und fertig, wie soll bei solchen jemals die Wahrheit und das Licht hervorkommen bei der totalen Verstopftheit, der vermaledeiten Umnachtung, da kannst du direkt vor deinem Erlöser stehen und mit ihm sogar ein Pläuschchen halten, da kannst du mitten in der wunderlichsten Szene dich aufhalten und du checkst nicht, dass da ein Heiland vor dir auffährt, dass hier an Ort und Stelle ein Wunder abgeht, denn der Geist ist es, der da zeugt, denn der Geist ist die Wahrheit, ja seit Anbeginn verkünden wir unsrer Sache besondere Gärung und wenn du noch so viel und noch so oft den Kopf schüttelst du Ungläubiger, so belämmert und wie halbspastisch, das ändert ja auch nichts daran, dass es so ist, wie es immer war und noch immer ist die Tatsache, das beginnt in den einfachsten Handlungen, in denen sich dies fortzeugt, im Allerkleinsten offenbart sich diese Lähmung, diese Leere in und durch euch, genau wie eben zuvor, so lauwarm wie die mir hier alle die Hand geben, das ist eigentlich eine Verhöhnung des Zwischenmenschlichen, eine Niederträchtigkeit, die ihresgleichen sucht, ja unwürdig eine solch letscherte Hand überhaupt entgegenzunehmen, da sollte man die Hand eher wegdrücken, hinschmeißen und anspucken, oder noch besser wäre es, sie zu nehmen, fest heranzuziehen und sie am Arsch zu wischen, denn einzig dazu sind solch Hände da, zum Arschauswischen, widerwärtigste und niedrigste Hände sind das, die genau dort hingehören, wo sie her sind, nämlich in den Arsch, wohlan mit ihrer Lauwarmgeschafteltheit und ihrem wichtigen Getue herangezogen und ganz tief in das Rektum eingefahren, sie also nach hinten gereicht an den eigenen After und dann in das Gedärm hinein bis zum Anschlag rauf, damit sie wissen, wo sie her sind und wo sie wieder hingebracht, an ihren Ursprung, diese Dreckshände gehören zum Dreck hinein, nämlich in den unmittelbaren Sud, in das unverdaute Scheißgewäsch, das ihre Hände vermitteln so wie auch ihre Münder, die einzig nach ihrem verschissenen Händedruck verschissenes Hingeschissenes herauslassen, ebenbürtig in einem rektalen Verfahren reingefahren und dort auch zu sein haben, Gleiches gleich Gleichem, hernach ihre Köpfe also ebenso in den Arsch zu schieben, nachdem die Hände drin waren, ohne zu zögern ist da der Kopf zu nehmen und mit dem ganzen Gesicht voran ein solcher Arschkopf in den Anus einzuführen, wo er zu sein hat und daher auch seine Berechtigung und nur hier eine solche hat, wo der Mund dann auf- und zugehen kann, soviel er will, denn hier ist er unter seinesgleichen in der Scheiße drin, im Unverdauten, im menschlichen Kot, der ihm so zu Gesichte steht wie nichts sonst auf diesem Erdball, ja die Schöpfung ist gemacht als solche und wir scheiden uns darin, denn so ich mit Zungen bete, so betet mein Geist, dein Sinn aber bringt niemand Frucht, dein Universum stimmt einfach nicht, nicht deppert sein, gell, oder glaubst du, ich bin auf Flaterien aus, genau wie die hier alle nicht, du Schindluder treibender Minderbemittelter du, ja mit dieser Schöpfung ist es wie auf einer Baustelle, so ist es mit dem Sein des lieben Menschengeschlechts, denn die eine Partie geht da ran und macht etwas und richtet, was es zu richten gibt und schöpft, und die andere Partie geht dort ran und schaut vertrottelt in die Luft, jede Gruppe verfolgt ihre Sache, und wir, ja wir sind das Gegenstück zur banalen und trivialen Gesellschaft, zu den Normalos, den Unwissenden, wie sie so zigfach existieren wie du, die wir mitreißen aus dem Sumpf heraus, und wenn wir noch so oft sagen, euer Anliegen auf uns zu werfen, so tut ihr es nicht, doch uns braucht es, damit es nicht völlig den Bach hinuntergeht mit der Welt, wir sind die Ergänzung zu diesen überflüssigen und bequemen Charakteren, ohne solche, wie wir das sind, würdet ihr noch immer in Zeltern leben, ihr nackten, ihr sehr verwerflichen Ohnmächtigen, Nichtsnutzigen, aus wessen Leib ist das Eis gegangen und wer hat den Reif unter dem Himmel gezeugt, ja du Armseliger sicher nicht, oder glaubst du, du könntest so etwas vollbringen, du Haufen Faschiertes auf zwei Beinen, du Dillo mit Augen so blind wie eine Schleiche, du stehst also beispielsweise in der supernsten Vermehrung von Brot und Wein drin, wo solche, wie wir es sind, die Hände ausbreiten und sich in der Nächstenliebe völlig vergehen und dabei die Brote mehren und den Wein aufstocken dass es dem zuschenden Haufen fast zum Niederlegen wird dabei, aber selbst so eine Göttlichkeit wird nicht mehr bemerkt von solchen wie dir und es existieren ja ausschließlich solche wie du, nur noch sowas wandelt herum auf dieser Erde und alle kümmern sich bloß noch um die eigene Vermehrung, um das eigene Fortkommen und das eine Fressen und darum, noch mehr anzusammeln an Gütern und an Massen und nur noch darum, wie die Made im Speck herumzuwürmeln im eigenen Saft köchelnd und dabei fetter und fetter zu werden und so Leute wie ihr das seid, die fressen alles, was sie kriegen, denn so seid ihr gemacht und kennt nichts anderes und daher seid ihr auch so und werdet nicht anders, ihr Sauen, euer Leben ist einzig aufs Fressen ausgelegt, und wie ihr es dann tut und das Kauwerkzeug hochfahrt auf ein Niveau, als wäre es das letzte Mahl, genau wie eben jetzt, und eure Schädel tief hineinsteckt in das Zehrungsfleisch, den Semmelschmarrn, in euren Leichenschmaus, ihr Essgeilen, triebgesteuerten Futtermaschinen, Vollschmauser, die hineinschieben und ohnmächtig reinbuttern in sich in einem derartigen Esswahn, dem tatsächlich widerlichsten allen weltlichen Gebarens, da gibt es keine Steigerung mehr zu so einer Ekelhaftigkeit, dem Geschiebe in die fetten und von Speichel triefenden Schlünde, diesem Einverleiben all der Fleischis und Grösteln und Schnitzeln und Leberknödel in einer Gier, dass euch Fressenden beinah der Atem wegbleibt und ihr an euren Speisen erstickt, was euch sowieso sehr zu wünschen ist, damit auf Erden Ressourcen gespart und ein paar weniger von euch Unbesonnenen, euch hirnlosen Naturzertretern herumlaufen, damit die Spezialitäten und eure vielen Luxusdinge dort bleiben, wo sie auch ursprünglich her sind, in den Ställen, in den Meeren, auf den Feldern et cetera, denn was braucht denn der Mensch mehr als Brot und Wein, überhaupt nichts, wünsche dir nichts von diesem feinen Fraß, dem unnötigen Genussschmarrn, nur falsche Hasen und falsche Austern und falscher Kaviar ist das, denn das alles ist falsches Brot, alles eine Wichse, allein am Gestank zu erkennen, den diese Speisen ohne Scham und Rücksicht auf großräumigste Verpestung verbreiten und beim nächsten Bissen fährt der Satan in dich, ja das sag ich dir, was du tust, das tue bald, sonst ist es bei dir auch bald soweit, welche wie du werden dem Antichrist übergeben, dass sie gezüchtigt werden, nicht mehr zu lästern, dass sie das Maul endlich halten, weil der Teufel es ihnen zunäht, so wie es gehört mit solchen Mäulern, zugenäht gehören die, mit festen Stichen hinein und einem guten Faden, der auch hält, kleinmaschigst genäht und zugezogen mit einem Ruck, denn allein das ist hier noch sinnvoll, da sagt man, die Würde des Menschen ist unantastbar, aber schau hier mal um dich, ernsthaft jetzt, das glaubst du ja selbst nicht, dass da nur ein Fünkchen von Würde existiert in diesen Leuten, in dem Sauhaufen hier, diese Asoten, die sich suhlen in ihrem Dreck aus Dirndln und Jankern und Lederhosen, so eine Cochonnerie, die ihresgleichen lange sucht, absolute Afterbildung in einem Afterglauben an Würde und rund um diese ein nie enden wollendes Fuhrwerken an Afterweisheit, dero wegen du dich niederschießen müsstest Tag und Nacht, um das auszuhalten, um das nur irgendwie im Schädel zusammenzukriegen, hinunterstoßen die Hochprozentigen in einer Dauerschleife, sie dir hineintreten, dich niederspritzen mit Mitteln, dich zu entrücken davon, um das zu akzeptieren, dass dies die gleiche Rasse ist, die selbe Spezies wie du, ja selbst ein Hauch von Eubulie hier gliche einer Marienerscheinung, um die sich diese Gleisnergesellschaft, all die Plutzer samt dem Kuttenbrunzer sofort aufstellen würden und die Äuglein aufreißen und auf die Knie fallen wie vor dem Erlöser, aber nein, nichts tut sich auf, nicht einmal ein Schatten an Vernunft und Einsicht, vergiss es, da kräult vorher ein Kamel durch das Türschloss da durch, als dass hier jemand aus diesem Tross mit der wohlbereiteten Aufklärung mithalten könnte, ja scheiß mich an allein bei diesen Gewändern geht die Würde des Menschen aber sowas von zigfach über den Jordan mit einem Gute-Nacht-auf-Ewigkeit, entraten bis aufs Letzte noch und sich selbst verratend und darob auch das Sein des Menschengeschlechts an sich, und wie sie die dennoch alle würdevoll tragen diese Fetzen in den immer gleichen Mistfarben in braun, grün und beige, in ihren erdigen Tönen und naturhaften Mustern, die einem die Speisereste schon beim kurzen Hinsehen sorgsam und doch aggressiv genug von der Magenwand kitzeln und langsam hochwandern lassen, es ist ja fast nicht zu glauben, dass die sich in dieser Kluft jemals ernsthaft im Spiegel angesehen haben bei der Äfferei in den Gewändern, sieh sie dir an, die abderitischen

Geschupften, diese Aufgesetzten, nur gut, dass da heute nicht getanzt wird, denn das ist erst elend, eine Jeremiade, wenn diese Ausgesetzten, in jedem Tritt verkrampften Tanzenden, hirnlosen Komplettpfosten, herumsteigen in ihrem traurigen Sein, sich selbst nicht auskönnen, und noch schlimmer sind die, die ihnen die Fäzes, zu der sie herumhüpfen, hinhauen, in die tiefsten Tiefen eines Musikorkus greifen dabei, die eigentlichen Triebtäter, die an den vielen schon kleidungstechnisch so Geschändeten das ihre tun und voller Geilheit dabei zusehen, wie die armen Krüppel unwillentlich in ihrer Schändung herumtanzen, sich zu Marionetten einer doppelten Perversität machen, wie sie mehr und mehr nur noch niedergestochene Bewegmaschinen in einem widersässigen Klangwahnsinn sind und einen Fuß neben den anderen stellen mit ihren Haferln, wie traumatisierte Kriegsversehrte, die lediglich danach trachten, doch ein bisschen Spaß abzubekommen in ihren hinigen und vollends zerstörten Leben und dann zur Musik immer brav die Beine bewegen, als zeige es sonst ihre Behinderung und Hirnversperrung total, diesen Ausstand, den wahrhaften Musikmissbrauch, diesen völligen Gehörtod, kommt denn da nie jemand, der hilft und dieser tolldreisten Wichserei einen Riegel vorschiebt, dem verbrunzten Tonholocaust ein Ende bereitet, ja die noch Grausameren in so einem Gespiele, diesem pläsierlichen Greuel, sind die professionell Tanzenden, diese ach so professionellen Scheißgestelle, die ihre Skelette auf der Tanzfläche hin- und herwerfen, als müssten sie eine neue Fliehkraft entwickeln, als wären ihre Schädel lustige Ballone, die herumschmettern wie das Ende eines Tiers und dabei sind ihre höchlichen Schädel so leer und lose wie ein Luftballon, das sag ich dir, diese Tanzleute sind einer einfachen Bauernsau näher als den vielen Instituten, an denen sie ihre semiprofessionellen Studien absolviert haben, einer gewöhnlichen Stangentanzhure gleich, und glauben dann, dass sie mit ihrem Getänzel tatsächlich Kunst machen, dass das eine Kulturangelegenheit sei, weil es sich doch um so elegante und geschulte Bewegungen handelt mit den Händen über dem Kopf und das Beinchen herumgeworfen in einer Eloquenz, die allein Kunst sein kann, doch ich sage dir, dass du darauf nicht hereinfallen darfst, lass dir so eine Wuchtel nicht reindrucken, denn so ein Unsinn ist keine Kunst oder Kultur, auch wenn sie das sagen und in zigfachen Broschüren und Heftchen beschreiben und dir eintrichtern wollen, dass es kunstvoll und von Wert sei, denn es ist der größte Schaß, es ist Tanz, und tanzen kann ja wohl jeder, der einen halbwegs funktionierenden Körper hat mein Lieber, so einen billigen Schund, so ein Herumgespringe dir als Kunst verkaufen zu lassen darfst du bis zum letzten Atemzug nicht, gerade die hochbetagten Leute stehen im Alter, in diesen ihren letzten Atemzügen ihrer Existenzen, ihrem Alterslüstern, massivst auf so Tanzerei und die feil gebotene Haut, die Nackedei, die damit die echte, die wahre, die tatsächliche Kunst ins Grab hinein entehrt und ihr den Todesstoß gibt, genau wie die unzähligen Haberer im Bereich der Fotografie, diese geschmierten, diese angeschmierten Flokatipuderer mit ihren ach so geilen Apparaten, die ja die Arbeit für sie erledigen und die dennoch glauben, ja ernsthaft denken, sie würden Kunst machen, nur irgendwie etwas mit Kunst zu tun zu haben, diese sonst zu allem künstlerischen Handwerk zu ungenügenden, zu blöden, zu kurzsichtigen, auslöserdrückenden Machokofferanten, bei denen der Intelligenzquotient gerade noch zum fachgerechten Putzen ihrer Kamera reicht, ja gerecht und richtig ist es, dass sie nur ein kleines Maschinchen bedienen und nicht zu echten und nutzbringenden Künsten herangelassen werden, damit sie in ihren beschränkten Fähigkeiten nichts anrichten und auf ewig in diesem Kindergarten aller technischen und künstlerischen Würde bleiben und so die Gesellschaft vor gröberem Schaden bewahrt bleibt, diese Halbbegabten sollen nur zu Recht in diesem Genre sein, das sie sich meist selbst ausgesucht haben und sie also von allem Anfang zeigen, wozu es bei ihnen in Denken und Körperlichkeit reicht, nämlich zum Drücken eines kleinen Knöpfchens, ja nur der Vergleich dieses Trauerspiels zur meisterlichen Kunst ist wie den allmächtigen Gott und seine Macht mit einer dieser jungen, so minderen, mit einer solch peinlichen Jungschriftstellerin zu vergleichen, die glaubt, sie ist wer, was soll das überhaupt, was ist das denn, einrexen, einmargarieren können diese sich ihre Textchen, das kann ja nur fallieren, ein verkehrtes Encanaillieren schändlichster Art, tue das nicht mein Freundchen, sonst holen dich die Ratten als erstes, sonst kommt kein bisschen Ernsthaftigkeit mehr an dich heran wenn du so eine Lächerlichkeit als Kunst akzeptierst, wenn du diese lächerlichen Frauen mit ihrer lächerlichen Frauenliteratur ernst nimmst, die unzähligen jungen Damen, die sich anmaßen, im hohen Literaturbetrieb mitzumischen, nur weil sie einen geraden Satz schreiben können, diese aufbegehrenden Frauenzimmer, denen man gutmütigerweise und als Folge des Schulsystems halt Lesen und Schreiben beigebracht hat und die nun glauben, darob dieser einfachen Kompetenz auch tatsächlich Bücher schreiben zu können wie ein Mann, diese anmaßenden Weiber, die sich nun in die ewige und ausnahmslos geniehafte Literaturwelt hineindrängen, nur weil wir ihnen erlaubt haben, zu studieren und sich ein bisschen weiter weg von Herd und Kindsbett zu bewegen, diese traurigen und armseligen Hascherl, die sich nun erkecken also auch zu schreiben, doch deren Schrieb bitte immer einer eigens markierten Abteilung bedarf, um das nicht mit der wahren Literatur fälschlicherweise zu vermischen, sintemal das in einer echten und erstgemeinten Buchhandlung sowieso nichts verloren hat, denn das ist der größte Fehler, wie kann denn so eine Frau nur im Entferntesten denken wie ein Mann, daselbst ihr Ganzes dem zuwider ist, wie könnte ein solches Geschöpflein also nur im allerbesten Fall so schreiben wie ein Mannsgebilde, mit diesem schon in seiner Anlage zum Scheitern verurteilten

Feminismus, meiner Seel, diese Töchterchen und Mütterlein und Damen, wie sie sich jetzt selbst nennen, wie im Zirkus ist das, eine einzige Clownshow, die fehlgeht und die niederstürzt auf Stein und Erdpech in dieser lachhaften Anmaßung, mit den Clownnasen auf den Boden nieder, ja von allen Seiten her schaut es schlecht aus, da werden noch einmal andere Zeiten kommen müssen, ganz andere, furchtbare, die uns alle zurückreißen auf den Boden der Realität und hinunter in den heiligen Pfuhl, also hör gut zu, ja wie viele Fetzen hat es dir eigentlich eingedreht, dir Redeschwein, hat deine verdammte Mutter dir nicht gezeigt, wie man die Gosche hält oder was, wo hat denn bei dir die Erziehung total versagt, hör dir an, was ein Erleuchteter zu sagen hat und schweige, nun wer mit seiner Zunge Wasser leckt, wie ein Hund leckt, den stelle besonders, desgleichen wer auf sein Knie fällt, zu trinken, denn das ist eine bodenlose Frechheit, die da glauben, sie können sich zu Tieren machen und dann von uns auf noch bessere Weise verpflegt und gehegt werden oder sie versuchen sich zu unterwerfen auf heimtückische Art und Weise, um uns dann im rechten Moment das Hackl reinzuhauen hinterrücks, und uns vernichten und alsdann unser gesamtes Hab und Gut an sich nehmen und unser Haus bewohnen und alles erben von uns, während wir in die Gründe eingehen, die uns eigentlich noch fern sind, also mach auf deine Ohren du Ungläubiger, du starrköpfiger Bösewicht, ich weiß wohl, dass du diese Scharlatane auserkoren hast dich zu leiten, dir und deinesgleichen und deiner ganzen verbrunzten Familie, die dich erziehen hätte sollen, zur Schande und zum Verruf, doch solches gehört eh sowieso verrufen, so eine Schaßtrommel wie du gehört fest angeklagt mit hoch erhobenem Finger in einem iterativ-durativen Anklageschleiferl, geschimpft und gescholten, damit dir das vergeht, damit du siehst, was das Wort schaffen kann, ja dass es wichtig ist, was man spricht, tantum series iuncturaque pollet, so kannst du einfach die Blitze auslassen, dass sie hinfahren und sprechen zu dir, hier sind wir, hier gehören wir hin und ihr anderen nicht, dass dies ein Zeichen sei unter euch, denn wenn eure Kinder hernach ihre Väter fragen und sprechen, was tun diese vielen Verräter jetzt da, dann kommt ihr richtig in Bredrouille, in eine mächtige Bedrängnis, mein Lieber mit diesen grauslichen und fetten Viechern, die sind wie Nacktschnecken, die man nicht mehr wegbekommt, denn sie wurden hereingeschleppt in das Wahre so wie euer Denken in das Kollektive, und ist unwiederbringlich unausrottbar, ja Sakrament nochmal, du scheinst das echt nicht zu übernasern du Wischiwaschipracker, saublöder, weil du predigst, woraus nichts wird und Lügen weissagst, so will ich an dich noch stärker appellieren, du glaubst nicht wirklich, dass das ein Zufall ist, weil schau her, solche wie wir, die kommen nicht einfach so zusammen, da ist schon was dahinter, oder glaubst du echt, dass hier etwas zufällig passiert auf Erden, du lächerlicher Einfaltspinsel du, ich bin das Brot des Lebens, wenn du das nicht siehst, kannst du gleich aufstehn und umdrehn und mit dem Kopf ein paar Mal gegen die Wand da laufen, hinrennen auf das Betonwerk, ganz fest, damit es dir dieses Dämliche heraushaut dabei, ja sei doch fest froh du Wappler, dass ich dir sage, was hier passiert und wer dir die Wahrheit bringen kann und wer nicht, ja halleluja, meine Fresse, der Odem des Allmächtigen fehlt hier anscheinend in seiner absoluten Form und total, so soll es wohl sein und ich werde dich ebenso aufzurichten vermögen, ein leichtes Spiel mit dir und ich will dir nun ein Beispiel geben, damit du erkennest ebenso, damit du den Kern des Lebens begreifen kannst, denn das ist wie mit diesen Flipflops, die die Leute anziehen, als wäre es normal, so etwas anzuziehen, doch in Wirklichkeit ist es ein Skandalon, solch Schuhe nur anzuschauen, geschweige denn anzuziehen, die machen ein Geräusch beim Gehen, dass dir die Haare am ganzen Körper auffahren, ein Schall ist das, der dem guten, den rechtens denkenden und hörenden Menschen das Inwendige auswendig werden lässt, absolut abscheulich, als schlage ein unfester Schwanz gegen eine Mauer in ständiger Manier und entgrenze sich in einer Art unbeholfenstem Pfusch, ja jemand, der so etwas anzieht, dem kann ich nur sagen, dass da etwas im Kopf ganz und gar nicht stimmt, im Hören sowieso, bei solchen rennen unweigerlich ein paar Räder im Dreck und sie versauen mit ihren Geräuschen das gesamte Hörfeld unverschämt, ausgeschämt, wie ein Traktor, der beim Fahren auf der Straße seinen ganzen Mist und Erdpamp runterwirft von den Reifen und einfach liegen lässt unverschämt verdreckend, eine bodenlose Frechheit sind diese Flipflops, ekelhaft, und alle ziehen sie an, als wäre es seit jeher so gewesen, Alte wie Junge, undenkend, unhörend, absolut unwissend, und vermischen dabei das unschuldigste Hören mit einem zu ihren Gehgeräuschen nötigenden Lautfusel, ihrem missbildeten und unfähigen Schuhwerk geschuldet, was sodann alle Wehrlosen und dieses Schuhwerk verachtenden Menschen mitanhören müssen, ständig und immer wieder, weil ja alle nur mehr mit solchem Plastikmorast an den Füßen herumlaufen, schlimm ist das, missbraucht werden wir alle mit ihrem Gehen, das wir ihnen nicht verbieten, obwohl es das Grauslichste ist, grausam und schrecklich, das da gebeut und zwingt, wie es will, und immer wieder rufen wir solch Leute zusammen und sprechen zu ihnen in Gleichnissen, denn wie kann ein Satan den anderen austreiben, das fragen wir sie und sie wissen es natürlich nicht, doch wir wissen es und tun es auch, denn es sind schon etliche umgewandt dem Satan nach, setze Gottlose über sie und der Beelzebub müsse stehen zu deren Rechten, es begab sich aber an einem Tag, da die Kinder dieses Landstrichs hierher kamen vor uns und unser Angesicht traten, da kam auch der Arge unter ihnen zu uns, den wir erkannten und ihn entlarvten sofort wie ein scharfer Kiberer, das Auge ist des Leibes Licht, wenn nun dein Auge einfältig ist, so ist dein ganzer Leib licht, so aber dein Auge ein Schalk ist, so ist auch dein

Leib finster, und ha, bei uns sind die Augen sehr hell und erkennen, was glaubst du, also sahen wir den Argen und zertraten ihn unter unseren Füßen geschwind, dass er zertreten war und sich vertrollte aber sehr flott, und natürlich fordert das auch immer ein paar Opfer, auch hiesige Opfer, die es da mitreißt in den Abgrund hinein und hinunter verwerkt unwiederbringlich, aber das muss so sein und hat ebenso seine Berechtigung, du sollst nicht zum Trauerhaus laufen und sollst auch nirgends hin zu Klagen gehen noch Mitleiden über sie haben, denn sie haben unsren Frieden von unserem Volk genommen samt unsrer Gnade und Barmherzigkeit und dies ist nun die präsentierte Rechnung und Ende und Aus, da gibt es nichts zu betrauern oder bejammern, ich weise dich auf deine Wiedergeburt hin, eindringlichst verweise ich hier auf deine Wiedergeburt, doch du hörst ja nicht zu, du ausgeschämter Fratz, und das Furchtbare ist, dass du nicht allein damit bist in dieser perversen Hörlähmung, niemand kann mehr zuhören, mach auf deine Ohren und hör dir das an hier, was da schon wieder präsentiert wird, ja hörst du das, wenn du dir aufmerksam und ehrlich anhörst, was die produzieren und was sie sich hier liefern, wenn du dir vergegenwärtigst dies widerwärtige Getön, von dem sie glauben, dass es etwas mit Musik zu tun hat, obwohl es das nicht einmal im Entferntesten tut, dann wird dir unweigerlich so willfährig von oben bis unten in den Magen und noch weiter hinein bis in den letzten Darm, bis ans Ende des Enddarms, dass du speiben möchtest, unten und oben heraus gleichzeitig vor Übelkeit und Grausen, dass du dich anscheißen möchtest und es laufen, den Schließmuskel aussetzen und hinfahren lassen das Ganze aus dir, dass es dir die Organe herausfetzt an Ort und Stelle, weil das beim besten Willen, beim philanthropischsten und größten Gutdünken nicht auszuhalten ist und es sticht und schmerzt wie beim Ausbrennen der Ohren mit Blei, als säge dir jemand ins Trommelfell rein und teste dessen Spannkraft und natürlich schnalzt das dann leichtfüßig auseinander wie ein Kindertrampolin, auf das tausend fette Bauernschweine gleichzeitig draufgeworfen werden, weil das naturgemäß nicht halten kann, so eine Last nicht trägt, und dann fragen sich die Leute, warum denn überhaupt nur mehr so stark Schwerhörige und überhaupt so viele komplett Debile herumlaufen, die akustisch so minderbegabt sind wie das Innere einer Waschmaschine, das so ohnmächtig und leer ist wie diese ganzen musiktechnisch völlig ausgewaschenen, diese zerrissenen, ja richtiggehend ärmlich vernichteten Daumerln, obwohl das ja gar nicht anders sein kann, nicht möglich ist bei dieser Musik, die ihnen zum Fraß hingeworfen wird und die sie sich reinziehen von morgens bis abends und das von der Wiege weg bis zur Bahre dann, sogar freiwillig, ohne das jemals zu hintergehen saugen und lutschen sie an der Musikbrust wie ein Neugeborenes und verinnerlichen sich die Bestie, die elende in ihrer Gier, diese immergleiche und immer strenger vertrottelnde Hörsau, diesen Dreck, und wissen ja gar nicht, was sie tun und was sie anrichten damit, was sie sich selbst antun hierbei, denn wüssten sie es, würden sie angewidert das lose Köpfchen schütteln und die Brust ausspeien und von sich stoßen, diese an ihnen begangene Gewalt zu verweigern suchen, sie verurteilen, denn an und für sich wäre der Mensch ja hörbegabt wie sonst nichts, eine großartige Hörmaschine, die Hörspezies schlechthin, aber das vernichtet man ihnen, sukzessive tötet man ihnen die Ohrli ab mit diesem Wahnsinn, allen, auch dem letzten noch, damit sie weiterhin diesen Müll konsumieren, den breitgetretenen Topfen, den immer locker vom Hocker hingespiebenen Senf, der seit Jahrzehnten, nein seit Jahrhunderten gerichtet wird für diese armen Fetzen, die sich Menschen nennen, zumal sie so fertig sind in und durch und mit ihrem Gehör, dass sie nichts mehr aufnehmen können, so vollgesogene Lappen, dass man sie ob des Dreckwassers, in das sie getaucht sind, nur noch mit zwei Fingern aufheben kann, weil es so grauslich ist was sie da drin haben, womit sie sich angesoffen diese erbärmlichen Unhörenden, auf ewig unbrauchbaren Ausreibhadern, die nur noch weggeworfen werden können wie ein bis an den Rand vollgesogenes Tampon, bei dem schon alles übergeht und das allein dem Scheißhaus überantwortet werden kann und bei dem nur der Gedanke an eine Wiederverwendung so lächerlich und traurig anmutet, dass man sofort ein Spendenkonto für die Verlorenen einrichten möchte, ja das sage ich dir, ewig dreht sich dieses Rad und werkt schonungslos, denn der Hund frisst wieder, was er gespien und die Sau wälzt sich nach der Schwemme wieder im Kot, und so ist es auch, immer und immer wieder, mit diesen geht der Okzident und seine Hörbegabung ins Jenseits über und dort hinunter wie nichts sonst jemals und aus ist es mit all der wahren Musik, wie es sie massig gäbe, doch niemand will eine solch echte und wahre Musik haben oder besser noch, kann eine haben, weil das unmöglich gemacht wurde und diese Möglichkeit vernichtet und verheizt bis zum Ende aller Tage, jawohl, da ist es nur eine Frage von Zeit, bis auch Seh- und Geschmackssinn und so weiter und überhaupt alles hinüber ist, auch dahingehend ist der Menschheit ein sehr negatives Attest auszustellen, da ist es genauso schwarz und hoffnungslos wie beim Gehör, aber was sage ich dir, du hörst es ja selbst gerade und wenn du nur ein bisschen vermögend bist, erkennst du diesen schlechten Witz, der sich noch viel drastischer auswirkt, als ich hier zu darstellen vermag und noch schärfer gehörte da gesprochen und noch gröber verurteilt direkt in den Hochofen hinein, damit sich einmal etwas tut, da rauchst du die Zigarette stilecht wie ein Cowboy und es bringt dir auch nichts, so geschissen wie du bist in Wahrheit, du Armutschkerl du, doch gleichwie ich auch gedachte dich zu plagen, da mich deine Scheiße erzürnt, ja es reut mich nicht, oder was glaubst du, denn wer seine Leute nicht kasteit an diesem Tage, der soll aus seinem Volk ausgerottet werden, früher oder später mit Sicherheit, aber wer traut sich denn heute noch etwas zu sagen, geschweige denn etwas zu tun, niemand mehr, und weiß dabei nicht, was er versäumt und fahren lässt in dieser Mutlosigkeit, doch ich weiß es und sage dir, siehe, der hat Böses im Sinn, mit Unglück ist er schwanger und wird Lüge gebären, ich aber bringe dir die echte Weisheit herab vom Baum, ja wir wissen ein solches, da wir anders zu leben gedachten, das kannst du mir glauben, sowas erlebt man heute nicht mehr, der 08/15-Durchschnittsmensch sowieso nicht, weil das andere Zeiten waren, ganz andere, ja höret dies und merket auf alle Einwohner dieses Erdenflecks, ob solches geschehen ist zu euren Zeiten oder zu eurer Väter Zeiten, mein lieber Schwan gar kein Vergleich zu heute, hundert zu eins, wo man sich nicht so angeschissen hat wie die Leute heutzutage, wie ihr alle, wo man sich noch was getraut hat und nicht bei jeder kleinsten Kleinigkeit angeludelt aus Angst, das hübsche Gesicht werde zerschnitten oder die feine Wohnstatt abgefackelt, ja woher denn, da hat es oft gedümmelt, dem System musst du so eine reinhauen, dass das Blut spritzt, ja das selbst die Zähne herausspritzen aus dessen Gosche und im Bering nichts trocken bleibt, behufs der Feststellung, wer denn hier der Stärkere ist, und wir sind und wir waren uns nicht zu schade, um gar nichts, keine so feinen Gockel wie sie heute ausschließlich herumwandeln, da brauchst du nur einmal in das Publikum hier schaun, in das vermaledeite, wir waren da ganz anders und haben dementsprechend was erlebt, horrend, denn wer weiß denn was vom Dasein der sich nicht hinauslehnt aus dem Fenster bis zum Anschlag, nichts weiß der, und alle Kreatur sehnt sich nach so abenteuerlichen Scherzen und ängstet sich doch viel zu arg, ängstet sich immerdar, doch sie hat uns gezeigt wie das geht im Leben, diese unvergleichliche Frau, was wir mit der und in diesen Zeiten aufgeführt haben das kann ich gar nicht laut sagen hier, da reißt es die Hälfte mit einem Herzkasperl weg auf der Stelle, sowas zu sagen, wo sie noch so frisch unter der Erde ist, geht ja gar nicht ohne Verluste, doch schau sie dir an, sieh nur hin in diese guten und treuen Augen, das glaubst du vielleicht nicht, aber das sag ich dir, das Weib war überregional bekannt, die tötete all unsere Glieder, Hurerei, Unreinigkeit, schändliche Brunst, böse Lust und die Gier, die Abgötterei ist, vor lauter Geilheit auf deren Fut und Mund und überhaupt all deren Löcher, weil was die gemacht hat mit deinem Ding das geht auf keine Kuhhaut so massiv über alle Maßen der Wahnsinn war das, bist du gelähmt das war eine Dorfmatratze, schirch und dick eigentlich und bei weitem keine Augenweide, doch das hat sie mit ihrem Geschick und ihrer ganz eigenen Art wieder wett gemacht, locker vom Hocker gerissen, eine richtige Dasige, eine Unsrige und von der Einstellung her richtig gepolt, denn welcher Mensch weiß, was im Menschen ist, als der Geist des Menschen, der in ihm ist, das sag ich dir, die hat nicht nur gescheit dahergeredet, die hat verstanden, worum es geht im Leben, nämlich um unsere Leut, aber um der Hurerei willen sollte ein jeglicher sein eigen Weib haben und eine jegliche habe ihren eigenen Mann wie es sein soll, und da kamen erstmal viele ab vom rechten Weg, der erdigen Liebe zum Heimatbusen, hernach war das vielen doch wieder wurscht nach einer Zeit und also wieder kehrten sie um zu dieser Frau und demütigten sich unter ihrer Hand mit Freuden und oft auch mit Freunden gleichzeitig, da durfte die ganze Gruppe drübersteigen, das hat nie wen gestört, ganz im Gegenteil, so blieb der Same in der heimischen Spalte, das haben wir uns gesagt und sie hat es auch gern gehört, die große Mutter, die uns alle empfangen hat, um uns zu erkennen, da konntest du einen Kübel hineinstellen oder gleich mehrere Schwänze gleichzeitig hängen und noch schweres Geschütz dazu, wie man eine Salami in eine Turnhalle wirft, und geil fanden das alle, ja was glaubst du, meiner Seel, alle zehn Finger abgeschleckt nach der, denn die engen Fötzchen der Jungen gab es ja zuhauf, ein schönes Weib ohne Zucht ist wie eine Sau mit einem goldenen Haarband, doch so etwas, diese alte Oberklesche, war ein Unikum, ein Geschenk eines großen und gütigen

Gottes, wenn sie uns belehrte mit ihrem alten Wissen, mit diesem guten und so heilsversprechenden Gewissen eines ganzen uralten und wertvollen Volkes, da war es freilich manchmal wie mit der ebenso wissenden und heilsversprechenden Mutter oder auch Großmutter, aber was hätte uns denn eine Junge gebracht, das war schon damals so wie heut, noch immer ist es so, schau sie dir an diese ganzen jungen Wuchtbrummen hier, diese Trampelweiber, wie sie herumsitzen und schauen, als wären sie komplett wach, ja gestört bis ins Innerste hinein, die alle haushoch gebildet sind und geschult in den ganzen super Fächern wie der Juristerei oder der Medizin oder der Wirtschafterei und sie alle werden bei weitem ihrer Bildung nicht gerecht, denn wie sich eine Frau zu verhalten hat und wie sie das ihrem Geschlecht gerechte Denken erlernt, das zeigen sie einem ja nicht an den Universitäten, das lernen sie ja nicht die armen Häuseln, und dann sitzen sie nach wie vor brav da und halten die Hände auf den Tisch rauf als würden sie auf das Lineal warten, das man ihnen draufdrischt, weil sie nicht korrekt abgewaschen haben, die wären doch besser bei einem einfachen Verkaufsladen untergebracht, die täten besser daran, Sachen über einen Scanner zu ziehen als die wirklich guten Plätze des Landes zu besetzen, denn was wissen denn diese armen Kreaturen von Macht, nichts wissen die, die schauen nur blöd drein von ihrem ständigen Serien-Schauen und ewigen Herumbummeln und ihrem Latte-macchiato-Saufen auf irgendwelchen Märkten, die hingehaltenen Dummerchen, die glauben, weil sie es zu einem Abschluss an einem Institut gebracht haben, zu wissen, wie die Welt funktioniert, die tatsächlich denken, sie würden denken und ihr Gehirn benutzen und für sich als Frau einstehen, nur weil sie sich ein paar Jahre in ein paar Hörsäle hineingesetzt haben und brav Stunden geschunden, nur wissen sie das nicht, weil sie nie aus ihrer verschimmelten Wohlfühlblase herausgekommen sind und auch gar nicht wissen wollen, wie denn das echte Leben als bestimmte Frau geht, wie es da draußen aussieht, diese Segelyacht fahrenden Närrinnen, Shrimps fressenden Baronessentrutschen, die ihren männlichen Kollegen in diesen Fächern um nichts nachstehen, obwohl man glauben müsste, dass die aufgrund ihres Geschlechts an Intellekt und Gespür ihren männlichen Fachdebilen weit voraus sind, doch das sind sie leider nicht, ja die ebenso blind herumlungern und keine Ahnung haben, was auf der Welt passiert, außer sie lesen es in der Presse, diesem Wichsblatt, diesem grauslichen und zutiefst konservativen Arschpapier, der Fresse, wie sie eigentlich genannt werden müsste diese Zeitung, diese Manifestation von Dummheit und Stillstand in seiner schwärzesten und untergriffigsten Form, dieser Urform von Mist und Schwachsinn in Schrift gebracht, die beim Lesen so weh tut als steche einem eine ganze Armee von Akupunkturleuten in die Augen bis nach hinten ins Hirn hinein und wühle darin herum mit Lust und Freude, ja die Presse, auf die stehen natürlich diese ganzen strohdummen Wirtschaftsheinis und Kofferfotzen, dass es nur so stinkt von denen wenn man das Blatt aufschlägt und einem den Atem nimmt vor deren Hurerei mit dem Denken, einem versumpften Reflektieren, das sie ebenso nie gelernt haben und auch nie lernen, ja wer hätten ihnen denn das lernen sollen, dazu sind sie an den falschen Fakultäten gesessen diese Nachbeter, dieser Aufsager von ganzen Schinken an unnützem Wissen, das der Mensch sich ja nur geschaffen hat, weil er zu blöd ist, um sich so, also frei und ohne diese ganzen Reglementierungen und Bedarfsorientierungen zu bewegen und so zu leben, wie er gedenkt, aber dazu ist es längst zu spät, zu allem ist es da zu spät, da hilft überhaupt nichts mehr, weder beten noch der Hinweis auf einen raschen Exitus, weder das Blatt anzuzünden noch es zu boykottieren, so Fetzen müssen radikal wegeliminiert werden und die Leute, die dahinter stehen über einen längeren Zeitraum hinweg streng abgerichtet und zurückgebogen auf ein gutes Maß an Verstand, jawohl, so ist das mit diesen Hilfigerträgern und den Grausbirnen allgegenwärtig und ihrem neoliberalen Gewäsch, das ihnen rausrinnt aus ihren unfesten Mündern wie Abwaschwasser, die Sülze, die sie sich auf ihre Hüte picken können und damit hausieren gehen wie sie wollen, aber bei solchen wie uns kommt der Dreck sicher nicht an, da sind wir schon zu lange auf den Füßen, als dass wir das ernst nehmen könnten, diesen gutgedüngten Denksscheißhaufen an Leichen, mit dem sie seit Jahrhunderten immer wieder glauben irgendwo anzulanden, mit ihren immer wieder herausstürzenden Fehlgeburten an Wissen und Erkenntnis, meine Güte, wir wissen, was sie sind und was es ist und es ist nur eine Frage von Zeit, bis auch die sich von selbst zu dumm werden und sich gemeinschaftlich irgendwo aufhängen, denn nur dazu sind sie wirklich und wahrhaft fähig, zu einem Ende, einem raschen und guten Aus, und das wird es auch sein, das sage ich dir hier und heute und du wirst dich noch einmal auf mich berufen und die hier wachenden Augen der guten Rosi bestätigen es und sind Zeuge, doch dies alles musste so sein und ist gut so und so vorherbestimmt, um die Menschheit wohinzubringen, wo sie noch nicht war, wer Schätze sammelt mit Lügen, der wird fehlgehen und ist unter denen, die den Tod suchen, es wird aber einen Weg geben, der zu gehen ist, wenn man ihn nur verlangt und ihn auch geht, damals wie heute, das kann unsre Hand bezeugen, das zeugen auch unsere starken Lenden mein Freundchen und hier steht unsere Rosi erneut Zeuge, ja wir wussten, wie wir auserwählt waren und die Hand dazu hochgerissen und stramm gestanden und sie hat uns gelobt, obwohl man so Sachen vor den falschen Leuten besser nicht sagen sollte, weil bei den Lehrern und so Parasiten da war man schnell angezeigt und der ganze Hobbykeller dann ausgeräumt von der Exekutive, ja mancher kommt zu großem Unglück durch sein eigen Maul, das haben wir schnell begriffen, nur nicht zu viel reden vor den falschen Flaschen, vor den Unreinen sowieso nicht, denn die sind nicht wert, dass man ihnen redet vom wahren Ansinnen, die sind sowieso verdammt zu ewiger Dummheit in ihrem Schulmeinungsgescheiße, die klüglichen Halbbegabten, dahinvegetierenden Pseudogelehrtisten, die übriggeblieben sind am Arbeitsmarkt und die sich nun in Schulen reinsetzen müssen und dort ihr elendes Sein fristen bis zum Ende ihres Verrottens, die in diesen erbärmlichen Schulhütten die Kinder malträtieren und sie sekkieren und lustvoll niedermachen, dahinintimidieren bis zum Umfallen wenn die Kinderlein die Lehrsätze nicht auswendig aufsagen, diese Komplexhaufen, die sich Professoren nennen und diesem Namen beim Arsch nicht gerecht werden, vielmehr das bisschen Anmut und Weisheit den jungen Trieben auszufahren nötigen in einer Machtlust dass dir schwarz wird im Angesicht eines solchen Kripserls und du es mit einem gezielten Hieb hinwegsengen, niederschlagen und es erlösen möchtest von der Schwere seiner trostlosen Existenzia, dieses sinnlosen Lebens, sind wir uns doch ehrlich, so eine Lehrergestalt ist einen guten Faustschlag mehr wert denn all das Geld, das die vom Staat kassieren für ihre madigen Powerpoint-Präsentationen, für die Gülle, die ihnen aus ihren schwer umnachteten Rotzschlündern fährt, munter und froh, die ja immer auf dem Wissensstand picken bleiben, mit dem sie aus den Universitäten herausgekrochen sind, in diesem Stillstand mit ihren Hirnen in den Schulgebäuden verwesen und ebenso unfertig und mittelmäßig ins Grab geworfen werden in einem Hauruck und die dennoch glauben, ja so fest davon überzeugt sind, der Allgemeinheit einen Dienst zu tun mit ihrem unsäglichen Haselieren und die Menschheit weiterzubringen, wohin auch immer das sein soll, aber sag das einmal einem dieser Hagestolze, diesen Häschern, nicht herfür kommt ein Lehrer mit Geist oder Wissen, der wird dir vielmehr grimmen und noch fester in seinen aktentaschenen Hundshaufen reingreifen und noch härter durchgreifen in den unschuldigsten Schulbänken und sein Peitschchen ausfahren wie ein schwer behinderter Dompteur im

Zirkus und die Kinder zum Springen zwingen, wann und wie er will, denn diese sind zu befehligen und zu biegen wie es dem Lehrerschwein gefällt und kann dann am Abend nach so einem anstrengenden Tag in seinem Bettchen wichsen und frohlocken, dass er so stark und gescheit ist wie sonst niemand im ganzen Dorf, oh das sage ich dir wahrhaft, da spare man das Wort für jene, die noch zu Vernunft zu bringen sind, und tatsächlich spürt das jeder innen drin wenn man sich ehrlich ist, das Herz kennt sein eigen Leid und in seine Freude kann sich keiner dieser Windbeutler mengen, und jeder, der nur ein bisschen Gespür hat, weiß, dass dies die Wahrheit ist, die einzige und wahrhafte Wahrheit, da kann niemand rütteln dran und man muss nicht jeden Sonntag die Kronenzeitung studieren, um das zu verstehen, aber heute spüren sich die Leute ja nicht mehr, das sind ja nur noch leere Hüllen die da herumspazieren auf diesem Erdball, so wie die alle da, alles gleiche Geistesleichen, für die selbst die Luft zum Atmen zu schade ist, einzementiert sind sie, in ihrem eigenen Denken einzementiert und wie mit PU-Schaum noch drübergefahren unveränderbar hineinfixiert in sich selbst, da bewegt sich keinen Millimeter mehr etwas, starrst, so festgeschweißt in sich selbst wie die Wurst ins Plastik reingewurstet, in sich hinein, wie die Bladen, wie all diese über alle Normen hinausgeschossenen Übergewichtigen, wie hier auf dieser Zehrungsfresserei ja sicher auch mehr als die Hälfte wampert ist, überbordend schmalztriefend, ganze Knacker rennen da herum, in ihrer Ganzheit aus Fett bestehende Würste, hineingedrückt, gestopft in ihre eigene Haut wie in eine Stopfwurst dass dir alles vergeht bei deren Anblick und du überhaupt nie wieder in deinem Leben etwas fressen möchtest, gleich hoch wie breit, herumrollbar von einem zum nächsten Tisch, die sehen ja alle aus, als wären sie im neunten Monat schwanger, hochschwanger mit ihren Wampen, schwanger mit Fett, das sie dann schmerzhaft gebären, einen riesigen Klumpen, einen weißbraunen, ranzig stinkenden und glitschigen Haufen an Schmalz aus sich rausdrücken wie bei einer Geburt, rauspressen würden natürlich wenn es denn ginge, aber das tut es ja nicht, denen kann man das Fett nicht so einfach ablassen, sich nur so einen Haufen herausgelöstes Schmalz bei diesen über Jahrzehnte angesammelten Verfettungen vorzustellen dreht einem den Magen zigfach herum wie im Ringelgspiel, wie das dampft, dieses Fett aus den Fetten, zum sofort hinspeiben, zum unmittelbaren Entleeren und nur zu einem solchen, denn deren Feistes stinkt wie Eiter und Verfaultes, wie ein Strom aus Eiter und Verfaultem mitsammen, so ein Gestank wie ihn sonst nur Bauern zusammenbringen, diese unmenschlich stinkenden Bauernfalotte, all diese Bauernschwarten, deren streng stechende Säureausdünstung sich in allen Dingen anhaftet, in allem, das sie anatmen, berühren oder auch nur anschauen und dies auf ewig dem elenden Geruch ausliefern, in Kleidung, Frisur, Nahrung, Haut und Haus, alles stinkt bei denen und sie stecken alles mit ihrem Gestank an, wo auch der feine Bauer den kleinen Finger vom Glas streckt, so stinkt er dabei gleich abscheulich wie seine vielen habituell unfeineren Miefkollegen, ja wo du einer ganzen Gruppe von Bauern wie einer Säurewolke auf Wanderschaft irgendwo gewahr wirst, du einer solchen Ballung von übelster Schärfe begegnest oder vielleicht sogar in sie reingerätst wie in eine radioaktive Wolke, dann musst du wirklich aufpassen, dass es dir nicht ob deren miachtlertem Gestanks die Nasenschleimhäute zerfrisst und die Nasenscheidewände aufätzt unkontrolliert und dir alles zersetzend sich hineinfrisst nach oben bis ins Riechzentrum nach hinten und unauslöschlich in dieses hinein, gezeichnet bist du dann, für immer gebrandmarkt, verunreinigt bis in die letzte Zelle, verhunzt bis zur Aufbahrung, wo man darselbst das noch riechen wird, wo wir alle verdammt dazu sind, das zu riechen und zu ertragen, bei jedem beim Hintragen zum Erdloch, beim Hineinwerfen sogar noch ertragen müssen, gestraft sind wir alle mit solchem, mit all dem, was da kreucht und fleucht und jener sind viele, die stinken und verstunken wurden, darum dass der Tod sie nicht bleiben ließ, darum dass meine Seele wünschte erstickt zu sein und meine Gebeine den Tod, was allein diesen verpestenden Ökonomisten zu verdanken ist, den Agrariern, den hochüberschätzten in diesem Ausbund an Glorifizierung und Schönfärberei, der völlig verzerrten Erhöhung, an der nur diese Schuld sind und du im Einzelnen genauso, ja hau dich in dein Grabgemach, hau dich über die Häuser, solche sollen sich nur noch über die Häuser haun, die können sich brausen gehen, stundenlang, tagelang, nein ihr Leben lang können die sich brausen gehen und es bringt nichts, deine Wunden stinken und eitern vor deiner Torheit, dass die Fische im Strom sterben und der Strom stinkt und allen Leuten wird ekeln, zu trinken das Wasser aus dem Strom, ja du verfaulst und stinkst, denn das sind große Dinge, die da getan, und glaubst du dann, es geht nicht mehr, kommt irgendwo ein Mediziner her, der sagt dir dann, dass der Fehler bei dir liegt, und noch mehr, auch gleich, was du hast und wo es überall wuchert in dir, wo die Geschwüre sich tummeln, was denn alles hin ist in deiner Leiblichkeit drin, und der sagt dir nun, der Kasperl mit seinem weißen Kittel, was du jetzt tun sollst und was du nicht mehr tun darfst, weil du dich sonst gleich in die Grube dazu haun und du den Körper zur Organspende freigeben kannst, wenn denn da noch irgendwelche Organe zu verwenden sind in deinem Scheißgestell, dem kranken, wenn noch irgendwas wiederzuverwerten ist bei dir, weil normalerweise man bei so schindludertreibenden Lebemenschen, so überdrüber lässigen Negeranten wie dir der ganze Leib sofort dem Misthaufen zuzuführen ist oder der Müllverbrennung wie Sondermüll, damit nicht vielleicht auch noch unschuldige Leute mit irgendwas von dir angesteckt werden, die wissen dann schon, was das Beste für die Gesellschaft ist, obwohl diese Medizinfritzen ja in den wenigsten Fällen wissen, was sie überhaupt tun, die Medizin ist ja nicht einmal als Wissenschaft zu bezeichnen, das ist doch bloß eine Auslegung, eine vollkommen willkürliche und von jedem dieser Semigelehrten mutwillige Auslegungssache, und wenn da einer der Doktoren, die sie eigentlich gar nicht sind, denn einen echten Doktortitel haben die alle nicht als Arzt, da machst du ja nur ein Diplom und kein Doktorat, wenn also einer dieser Götter in Weiß, als die sie sich denken, einmal einen schlechten Tag hat, von denen sie eigentlich ausschließlich welche haben, dann attestiert er dir gleich einen Gehirntumor, nur weil du eine für diese Landstriche typische und eigentlich für das ganze Land charakteristische Sehstörung hast und sagt dir, dass es schlecht um dich steht und nicht mehr lange mit dir gehen wird und du dir besser gleich die Kugel geben sollst, oder macht dir ein paar Bluttests und sagt dir dann, dass alles, was du frisst, unzureichend, mangelnd ist für deinen von allen Seiten und von diesem rauen Klima beanspruchten Körper und dir bald schon die Zähne rausbröseln werden und alle Gliedmaßen ebenso wenn du nicht bei seiner super Stromtherapie mitmachst oder dir die Pulverchen einverleibst, die er dir hinter der Budl gach zusammenmischt als Nahrungsergänzung und ihm ein paar Scheinchen hinblätterst, ja einem dieser vertrottelten Ärzte tatsächlich etwas zu glauben, was aus seinem ungebildeten und verlogenen, aus seinem anmaßenden und völlig überschätzten Maul herauskommt, ist so, als glaube man noch immer an so etwas wie Zaubersprüche oder das Christkind oder eine Erlösung durch den Pfarrer im Ort, obwohl es ja durchaus cleverer ist, an so etwas festzuhalten als an so aberwitzigen Theorien von Gleichgeschlechtlichkeit, denen nur zu Entraten ist, noch nie ist uns sowas zu Gesichte gestanden, denn wo kann denn das Gehirn einer Frau nur annähernd so funktionieren wie das eines Mannes, die Schaltzentrale eines Fotzenkörpers und jene eines Menschengeschlechtsvermehrers, der Mann denkt, während die Frau immer nur redet, wo die Frau noch kindhaft, ja dümmlich nachfragt, warum ihr eine schwierige Aufgabe gestellt wird, hat der Mann sie schon längst gelöst, wo die Frau noch ihre Hand heranzieht, um an den Fingern Vor- und Nachteile abzuzählen, hat der Mann bereits eine ganze Strategie samt Exposé dazu ausgearbeitet, da braucht man von den Unterschieden im räumlichen Denken gar nicht anzufangen, eine Frau kann immer nur so weit denken, bis wohin sie das Zimmer fertig zu wischen hat, ja das weibliche Vorstellungsvermögen endet beim Planen ihrer Abendgarderobe, nie könnte eine dieser bemitleidenswerten Frauenzimmer so eine Raumdenkkraft entwickeln wie ein echter und in seiner Vorstellungsvirtuosität an Größe geschulter Mann, ein weiser Mann ist stark, und ein vernünftiger Mann ist mächtig von Kräften, das Weib hingegen ist ihres eigenen Leibes nicht mächtig, sich selbst ausgeliefert und verunreinigt alles bloß, bedenkenlos, irrwitzigst, nur hinschauen musst du, direkt hinschauen mit Druck und nicht wegdrehn und hoffen auf ein besseres Ende wie du sehbehindertes Wimmerl du, dann erkennst du diese Unwahrheiten auch als solche, hirnverbrannt, aber du bist ja nicht nur blind und blöd, sondern auch schwach und taub, und taub an oberster Stelle wie es scheint, das alles ist genauso eine Hirnrissigkeit, so eine Lächerlichkeit wie das Spanische, wenn du so jemanden reden hörst, dann ist das mehr als nur lächerlich, eher zum Losweinen denn zum Lachen, als würden die sich gleich anspeiben beim Sprechen, bei jedem Laut, weil die Zunge an allen nur erdenklichen Falschplätzen im Mundraum herumwandert, dass es sie reckt, denn das basiert auf etwas selbstquälend Fehlgeratenem in der Basisanatomie der Sprechanlage, auf einer physiognomischen Missbildung, wahrhaft ein Evolutionsfehler, und wenn es sie also reckt, sie sich und alle rundum vollpatzeln mit ihrem Mageninhalt und danach auch gleich ersticken an der festgesogenen Zunge im Rachen und im Umkreis alles heraneilt und die Zunge herauszuziehen versucht, was freilich vergeblich ist, so muss es sein, dass sie verrecken an dieser Sprache, ja nicht nur eine Brechangelegenheit ist das, sondern ein einziges, ein zutiefst ehrliches Todesurteil dieses Spanisch, man möchte den Hilflosen, ihrer eigenen Sprache so Ausgelieferten zur Seite stehen und sie wahren, freundlichst, und sie erlösen von ihrem Sprechübel, den schmerzhaften, sie bei jedem Wort beschämenden Saulauten, diesen allen Behinderungen denn einer normalen Sprache näherliegenden Verbalisierungen, dem himmelhochschreienden Dauergepflutsche, bei dem sich jeder an den Kopf greift und Gott nach den furchtbaren Absichten seines brutalen Sprachenplans anruft und um Erbarmen bittet für dies Martyrium, das grauenhafte, denn was hat er an diesen getan, dawider es keine Heilung zu geben scheint, eine vergleichbar verschissene Aussprache gibt es weltweit nicht, denen wünscht man das Deutsche so ehrlich und herzlich wie anderen ein langes Leben und ewige Gesundheit und wer jemandem freiwillig diese verdammenswerte Sprache antut, der sei selbst verdammt in eine ganz schirche Hölle, in der die Zunge mit heißen Eisen ausgebrannt wird und der Mundraum mit Säure gewaschen und die Ohren mit geschmolzenem Blei wieder auf ein rechtes Maß hingebogen werden, wenn es denn für diese Elenden nicht Zeit ihres Lebens möglich war, die sprachliche Totalverschandelung zu erkennen und ihr aktiv entgegenzusteuern und sie zu verhindern, ihr zu entkommen, so müssen sie eben büßen und den Preis dafür bezahlen, den Preis für die Schmach und die Erniedrigung, die jene, die diese Sprache hören, was ihnen angetan, an ihnen verübt wurde in einer Hirnlosigkeit und Abartigkeit erleiden müssen, und der Schöpfer wird hier keine Gnade kennen, das ist mit größter Sicherheit zu sagen, so etwas Entratenes gibt es in allem Sprechen und in aller Sprachengediegenheit und der großen Menge an Variantenschätzen kein zweites Mal, obwohl es vermutlich doch auch vergleichbar mit der Fanfaronade des Französischen ist, diesem widerwärtigen Gesinge, das die Ohren zwingt, im selben Moment abzufallen und mit einem hellen Zischer zu verpuffen, eine Schande ist das für das Denken und das Gehör gleichsam, dermaßen erniedrigend für alle, die diese Sprache hören müssen, dass man freiwillig nie in eines dieser französischsprachigen Länder reisen kann, denn das gliche einer Liebe zur Selbstvernichtung, zum Suizid, der, wenn du das zu lange hörst, auch mit Sicherheit stattfindet, da kann man sich nur noch heimdrehen wenn man das den ganzen Tag von morgens bis abends hören muss, diesen Sprachdreck zu vergegenwärtigen genötigt und all die Sprechenden an Wert doch gleichauf nehmen muss, so dieses ihr unsägliches Sprechen es vollends verneint, man tatsächlich im Sprachschmerz sich die Haare ausreißend nur noch aufschlitzen und sich von der nächsten Brücke oder vom nächsten Hochhaus schmeißen möchte und gewiss wünschst du in dieser Pein und Qual auch diesen und dir selbst die deutsch Sprach, als einzige sinnvolle Lösung des Problems, entgegen der Verhurung von Lauten, der Sintflut an Ausdrucksgrind, so zerfledderten Singsang an Gerotze von Verbalisierung, nicht einmal als Scherz akzeptierbaren Pissgrütze, und niemand hört das und niemand verbietet das, ja niemand tut hier etwas, und ich weiß auch warum, weil ihr alle Arschlöcher seid, einfach alle Arschlöcher, und nie hört das auf, ja schaut ruhig weiter so blöd drein ihr alle, denn ich sage euch, ihr werdet alle sterben, ganz egal, was ihr tut, es finstert bereits so stark, ja der Weltuntergang steht direkt vor der Haustür und hat nicht vor, wieder wegzugehen, auch wenn ihr eure Tür nicht öffnet, der kommt auch so irgendwie rein, das werdet ihr noch sehen, beim Jupiter, der nächste Nationalfeiertag wird nicht mehr kommen, da wird vorher alles untergehen, eins sag ich dir, das sollst du wissen, dass dein Same wird fremd sein in einem Land, das nicht mehr dein ist und da wird man dich zu Dienen zwingen und plagen vierhundert Jahre, minimum, denn der Tölpel, der bei dir ist, wird über dich steigen und immer oben schweben, du aber wirst heruntersteigen, ja steigen müssen und immer unterliegen, schmerzlich und peinlich, sowieso, und meinst du, dass irgendwer dein Schreien hören wird, wenn die Angst über dich kommt, dann täuschst du dich aber gewaltig mein lieber Freund, wir alle werden gedrückt und geplagt mit Schrecken und Angst, mit Pest und all dem Schaß, wie es schon immer geschrieben stand und immer so war und heute wieder so ist, jetzt sieht man das Licht noch, das am Himmel hell leuchtet, dich blendet und dir stark in deine voll verschissenen Äuglein scheint, wenn aber erst der Wind weht und sicher bald auch der Sturm, so wird es auch dem letzten Lackel klar, dass es nun vorbei ist mit den lustigen Zeiten, dass nun niemand mehr was zu lachen hat, jawohl, das ist dann das Ende einer Fahnenstange, ausintegriert hat es sich dann, da bricht uns alles zusammen und wir gehen unter an unserem eigenen Erdkreis und stehen nicht mehr auf, nie mehr werden wir auferstehen wenn wir nicht jetzt schon zumachen und uns das nicht gefallen lassen, ja das Volk das im Finstern wandelt, sieht ein großes Licht und über die da wohnen im finstern Lande scheint es hell, und so muss es auch bleiben, denn wir dürfen uns das nicht gefallen lassen, auf dass es uns nicht dunkel wird ringsum viel zu früh, wenn wir unter der Erde sind, ja dann kann es ruhig dunkel sein so wie bei ihr, der lieben Rosi, aber jetzt, nein jetzt ist das nicht gerecht und wird auch nicht sein, so wir standhaft ausharren und uns das nicht antun, also steigen wir auf die Barrikaden, wie in ganz jungen Jahren schon, aber trauen musst du dich das, denn man kann auch essen, was ungesalzen ist oder kosten das Weiße um den Dotter, ja sicherlich, nur nicht fürchten, sonst siehst du nichts vom Wahren und Wirklichen, sonst wird das nichts mehr in diesem Leben, das kann ich dir sagen, und wer weiß, wie es uns im nächsten dann ergeht, da kommt man vielleicht nicht mehr in so gesegneten Breiten zur Welt, sondern muss sich womöglich als armer Hund irgendwo durchkämpfen oder als verkrüppeltes Kind in unwirtlichen Gegenden sein Dasein fristen, ja hoffentlich geht es der Rosi da besser, wer weiß, wo die jetzt schon ist, diese Gute, vielleicht ja auch irgendwo hier zwischen uns und wartet auf eine Möglichkeit, einzufahren, den Geist irgendwo hineinzulassen in eines Leibes Frucht, in der Hoffnung, dass es hier wo sei, damit sie uns erhalten bleibt, die ehrenhafte, sie erneut die Heimat findet und etwas ausrichten kann durch uns und mit uns und in uns, ist dir, allmächtige Mutter, in der Einheit der heiligen Treue, alle Herrlichkeit und Ehre jetzt und in Ewigkeit, und wenn sie noch nicht einfahren kann, dann wird es schon bald sein, das ist nur eine Frage von Zeit und sie kommt zu uns, ins Schlaraffenland, in diesen unseren Garten Gottes, und wenn du dir das wirklich vor Augen hältst, wie es ist, wie das funktioniert, dann entdeckt sich dir rasch, dass dies die Wirklichkeit ist, also sollte man das jetzige Sein auskosten, wo es nur geht und dabei schaun, dass unsere Gegenden auch so bleiben und für die nächsten, die hier inkarnieren, alles wohlbereitet ist auf unserer Insel der Seligen, dem Elysium, damit die vielen Seelenverwandten, die sich zu uns begeben, auch das Gute und Wahre hier auskosten können, die es verdient haben, im gelobten Land zu sein, und wir wollen sagen zu dieser Seele, liebe Seele, du hast einen großen Vorrat auf viele Jahre, also habe nun Ruhe, iss, trink und habe guten Mut, denn solche hat sich profiliert und ist es wert, hier zu sein, sich zu recken und die Beine von sich zu strecken und das Land auszukosten, das ihres, das das unsere ist, denn das Leben ist viel zu kurz, um es anders zu machen, also führe ein göttliches Leben zu allen Zeiten, darum freut sich dein Herz und deine Ehre ist fröhlich und auch dein Fleisch wird sicher liegen, ja auskosten musst du und Körper und Geist bilden und du erkennst das Gesicht wie es ist, die Leut wie sie in echt sind, denn die sind ja unsre Ehre und Freude, die mit uns gehen in den Tod und am Friedhof liegen wir noch beisammen und wissen, dass es gut und recht ist immerdar, und solche, die das nicht kapieren, denen schieb ich eine an, die kriegen von mir anders was rein, das sag ich dir, und ich will dich und deine Mutter, die dich geboren hat, in ein anderes Land treiben, das nicht euer Vaterland ist, wenn ihr das nicht kapiert ihr Armseligen, und ihr sollt daselbst sterben, ihr Verräter, all diese Verräter werden das, da gibt es keinen Weg vorbei, denn das ist eine Sackgasse, dieses ewige Nachbeten der obersten Oberen, die sich ja einen Dreck scheren um uns, um das Volk, ohne das sie nichts wären, absolut nichts sind sie wenn wir ihnen nicht die hart verdienten Gelder reinstopfen und sie damit erhalten und nur reden und wieder nur reden tun die, weil sie ja nichts arbeiten können, sonst würden sie arbeiten und keine dieser Prediger sein, aber sag das einmal einem dieser wichtigen Wasteln, die können sich ja gerade noch selbst den Arsch abwischen diese Unfähigen, ja alle Arbeit dieser Menschen ist für ihren Mund und doch werden sie nicht satt davon und schreien die noch so oft, versammelt euch, dass wir euch verkündigen, was euch begegnen wird in künftigen Zeiten, ja so können die reden was sie wollen, denn es ist ja doch nur der himmelhochschreiendste Schmarrn, den sie uns reindrücken wollen wie einer Mastsau, das kann ich dir sagen, und du wirst es selbst noch erleben, dass die uns erneut in den Ruin treiben, so wie sie immer nur alle ins Verderben getrieben haben, da bräuchte es andere Menschen, größere Wesen, die nicht gedrückt und geplagt werden mit Schrecken und Angst, denen nicht der Wille fehlt zu großen Entscheidungen, und die wird es bald schon brauchen, oh ja, so kann es nicht mehr lange weitergehen, wo kämen wir denn da hin, unsere schöne Heimat wird zertreten und vernichtet von diesen Spinnern und das Eigene geht flöten so direkt und streng, dass nichts mehr hilft, und wir alle mit ihnen, da braucht es erneut ein starkes Händchen, wie früher halt, und die gewissen Stätten gehören aufgesperrt, da brauchst du jetzt nicht so behindert dreinzuschaun, du weißt genau, welche Stätten da gemeint sind, denn nur damit kommen wir heute noch heraus aus dem Schlamassel, diesem Sumpf, denn die getreten werden, treten wieder, das ist ja die älteste Weisheit überhaupt, also gehören die gleich ausgerissen und vernichtet, damit sie nicht zurücktreten können, und viel Treue und Ehre braucht es dazu sowieso, dessen darf sich niemand entziehen, denn was ist nütze an unserem Blut, wenn wir zur Grube fahren und wir gar nicht da hineingehören, sondern viel mehr dieses Gesindel, wird dir auch der Staub danken und deine Treue verkündigen, ja sicher nicht oder lebst du vielleicht hinter dem Mond du Armutschkerl, niemand dankt dir irgendwas wenn du nicht völlig stark aufstehst und mit der Faust so fest auf den Tisch haust, dass es richtig kracht und poltert, dass uns der Donner brüllt und dass wir donnern mit unserem großen Schall, und wenn unser Donner gehört wird, kann man das alles nicht mehr aufhalten, da wird es einfahren mit mehr als so lauwarmen Pauken und Trompeten, das brauchen wir alles nicht diesen Klimbim, und super wird es sein und alle werden uns danken und dann stehen endlich wieder alle auf und fordern das Recht her und wir schreien mit großer Stimme, dass wir gehört werden, weil man uns viel zu lange nicht zu Wort hat kommen lassen, Kreuzblutiger wir werden uns wehren, denn diese Arschgeburten werden uns nicht mehr länger sagen, was Recht ist und was Unrecht, diese sehr verwerflichen drei Mal geschupften und nur zwei Mal gefangenen Hirnederl, ja für diese wird ein Ende kommen vor der Zeit und ihre Zweige werden nicht nachgrünen, denn wir sorgen schon dafür, wir wollen jetzt mitmischen wie einst die Leute gemeinsam gemischt haben, denn da spielen eben nur mehr die großen Schädel Karten und lassen uns nicht mehr heran, aber das wird ein Ende haben, das sag ich dir, so geht das nicht, denn siehe, wir wollen sie heilen und gesund machen und wollen ihnen Frieden und Treue in Fülle gewähren, warum auch nicht, Zeit wär es ja, wie viele haben das schon prophezeit, lange vor uns, viel größere Führer, die längst gesehen haben, dass hier ausgesiebt gehört, selektioniert, wie von der Natur vorgesehen, sonst wird das nichts mehr mit einer ordentlichen Menschheit, da vermischt sich bis in alle Ewigkeit alles mit allem und wird zu einer Ausgeburt dass der Sau beim Arsch graust dabei, eine Rassenverunreinigung der bitterlichsten Verhunzung, eine, die wir nie wieder rückgängig machen können, ja die sind uns unrein unter allem, was da kriecht, das Aas, die niedrigen Maden, die zertreten gehören bis auf die letzte und nicht mit uns gekreuzt, pfui Teufel so etwas Ekelhaftes, da möchte man ausspeien aus seinem Mund bis zum Ende aller Tage und welche Seele sowas anrührt, soll unrein sein bis an den Abend und noch länger, bis in das Grab hinein, ja ebenso zerhauen und vernichtet bis nichts mehr davon übrig ist, auf dass du unterscheiden kannst, was heilig und unheilig, was rein und unrein ist, denn etwas Abscheulicheres denn eine Kreuzung mit dieser Pestilenz gibt es nicht, daher muss es unterbunden sein und wir machen das, wir standhaften Leute, das wirst du noch erleben, da wirst du dich noch anschaun, wir werden auffahren und die Menschheit erretten vor dem Bösen und das Reich und die Kraft ist uns, denn unser Haus neigt sich zum Tod und unsere Gänge zu den Verlorenen, zu jenen, die unsrer Hilfe bedürfen, zu unseren von dieser Brut verdrängten Leuten, auf dass wir zusammenstehen in einem Fleisch und einem Blut mit wahrem Glauben und die Lösung endlich komme, es gibt nur eine Richtung und ein Volk, ein Leitbild, einen Menschen, ein Ziel und eine Weisung, die nur von uns kommen kann, ja wer unschuldig lebt, der lebt sicher, wer aber verkehrt ist auf seinen Wegen, wird offenbar werden und das kann dann niemand mehr vertuschen wer man ist und wo man her ist und was man denkt, da müssen die Karten ganz offen auf den Tisch gelegt werden und es heißt Farbe bekennen, stehet auf, ihr stolzen Frauen, höret meine Stimme, ihr Töchter, die ihr nicht mehr sicher seid, schon lange nicht mehr, nehmt zu Ohren meine Rede, damit ihr nicht mehr länger getreten werdet, damit diese Fremdländischen euch nicht weiter bedrängen, euch vergewaltigen tun und euch nehmen wie und wo sie wollen und vielleicht auch noch zwingen, euer Haar zu bedecken, denn das geht so nicht, obwohl die das glauben, ja deren Same ist sicher um sie her und ihre Nachkömmlinge sind bei ihnen, unglaublich viele von denen, unzählige Nachkömmlinge, und die denken sich, wohlan, ziehet herauf wider ein Volk, das genug hat und sicher wohnt, die haben weder Tür noch Riegel und wohnen allein, also nisten wir uns bei denen ein und saugen ein bisschen runter, und das tun sie auch, unverschämt und rücksichtslos, bis dass unser gutes Land zur Wüste wird, weil die uns überrennen und dann alles auszuzeln, soviel geben unsere Felder und Wiesen und Seen und Bäche nicht her, dass es die alle labe und tränke, und uns wird das rasch zur ewigen Bloßstellung, dass, wer vorübergeht, sich verwundere und den Kopf schüttle, warum wir denn da nicht viel früher ein paar Zäune aufgestellt, warum wir denn nicht die Schotten dicht gemacht haben und den Geldhahn, den viel zu locker sitzenden, zugemacht, peinlich eigentlich, wenn man sich das vorstellt, dass es so einfach wäre und trotzdem tut das niemand, so wie du Schaßaugerter, du bist auch noch zu gering am Arsch als dass du das verstanden hättest, so viele verstehen das nicht, ja um deinetwillen und jenen, die Gleiches tun, tragen wir Schmach und unser Angesicht ist voller Schande wegen dir und diesen Vaterlandsverrätern, euch abtrünnigen Abweichlern, die ihr abgefallen seid von Wahrheit, Kenntnis und dem echten Sein, ihr Suppenbrunzer, auf dem Gebiet seid und wart ihr stets nackt und werdet auch nicht anders leider, doch ihr alle werdet einmal recht nüchtern und erkennet dann, dass ihr solches nicht tun und nicht sündigen sollt, denn etliche wissen nichts von dieser Lage, von diesem Abgrund, auf den wir zurasen wie mit einem aufgemachten Ferrari auf Hundertachtzig, ja das sage ich euch allen zur Schande für euch und für jeden einzelnen und dir im Speziellen, auf dass deine Blöße aufgedeckt und deine Dummheit gesehen, und wir alle wollen uns dann rächen und es darf uns kein

Mensch mehr abbitten, denn wer nicht hören will zuvor, der muss dann fühlen, und wegen so Fetzenschädel, die das immer wieder verneinen und die es einfach nicht reinkriegen, wegen euch Fickfacksemmerln wird es wieder krachen und tuschen und nicht anders ausgehen können als mit Schmerzen, und viele werden sterben und so Ungläubige wie du gleich als erstes, ja alle eigentlich, weil es dann nicht mehr anders geht, da ist es vorbei mit allem, doch wer an das glaubt, der wird leben, obgleich er stürbe oder nicht, wir kümmern uns um unsere Helden und die treuen Anhänger, die Kameraden, die im Kampf vergehen und so stark und gut ihr Leben gegeben haben und vergessen deren Mut und ihre Taten nicht so schnell, denn die sind darum für alle gestorben, auf dass die, so da leben, hinfort nicht sich selbst leben, sondern denen, die für sie gestorben, auferstehen und die Hingeschiedenen bedenken, ihnen Büsten und Kränze und Ehrentafeln setzen, überall, an jedem kleinsten Fleck, auf jedem Platz, und wenn du das siehst und erkennst, dass du auf der falschen Seite stehst, dann sollst du dich anscheißen auf der Stelle, Furcht dem, dem die Furcht gebührt, auf dass dein Leben wird vor dir schweben und Nacht und Tag wirst du dich fürchten und deines Lebens nicht sicher sein und gerecht ist es und genau so, wie es sein soll, denn dein Herz soll uns folgen und nicht den Falschen, hänge dich an uns und du wirst alles haben und glücklich bis zum Ende, erhältst alle Herrlichkeit eines Vaterhauses, Kind und Kindeskinder, alle kleinen Geräte, beide, Trinkgefäße und allerlei Krüge, doch warum das nicht so ist und auch nicht sein kann, das weißt du ganz genau, weil du abgekommen bist und glaubst, du kannst etwas ausrichten, obwohl das überhaupt nicht wahr ist und ein Trug der miesesten Art, ja wir dürfen nicht mehr pfeifen in diesem Spiel, wir dürfen bloß noch wacheln, erniedrigend ist das, Herrschaftszeiten, da wird dir das Pumperl gehn in dieser Erkenntnis, im Machtverlust und Verdruss, das sag ich dir, und niemals mehr wirst du sicher wandeln auf deinem Wege, dass dein Fuß sich nicht stößt, da ist es vorbei mit all der Sicherheit, die wir uns über Jahrzehnte aufgebaut haben, mit den ersten Türkenkriegen deutlich gezeigt, wer der Chef ist hier, und dann immer wieder, durch die Epochen hindurch mit großer Stärke und Heimattreue, und jetzt lassen wir nach und packen nichts mehr an und geben das auf, ja das darf doch wirklich nicht wahr sein, dass das gebenedeite Volk, wir großer und mächtiger Volkshaufen, uns das nehmen lassen, wir uns selbst zu vergehen und unterzugehen trachten wie es ausschaut, Sakrament noch mal das ist ein Skandal der seinesgleichen vergeblich sucht, aber das realisiert ja niemand, du weißt nicht deine Schmach, Schande und Scham, obwohl deine Widersacher alle vor dir sind, und bist allein zum dämlich Schauen wert, du grenzdebiler Nasenbluter du, doch so will ich auch deine Säume hoch aufdecken, dass man dich Schandfleck sehen muss, dass jeder das sieht, von jedem Koffer, der so etwas tut, und die müssen in diesem Verruf erschrecken, man muss über sie schreien, da, da, auf dass es sie aufreißt und sie erkennen lässt den Wert ihres Geschlechts und ihrer Rasse und ihres Bodens und ihres Landes, ja richtig hineindreschen muss man denen dessen Würde und Gewicht, wir werden wie Feinde mit ihnen umgehen und alles nehmen, was sie erworben haben und sie bloß lassen, dass die Entehrung ihrer Unzucht und Hurerei offenbar werde, und viele, die bereits unter der Erde schlafen liegen, werden aufwachen, etliche zum ewigen Leben, etliche zu ewiger Schmach, und auch unsre Rosi wird dann heraussteigen aus ihrer Grube und mit dem Finger auf dich deuten, denn die vielen Unnützen haben gefressen unsrer Väter Arbeit von unsrer Jugend auf samt unseren Schafen, Rindern, Söhnen und Töchtern, und du hast nichts gemacht dagegen, sondern sie auch noch verteidigt wie so viele andre dieser Ahnungslosen, diese helfenden Hände, die Beihelfer, Handlanger, doch es wird alles mit Blut gereinigt nach dem Gesetz, ohne Blutvergießen geschieht keine Vergebung, gewiss nicht, da gibt es keine wässrige Zwischenlösung mit Milde und Barmherzigkeit, mitnichten, in den Tagen werden die Menschen den Tod suchen, doch nicht finden, sie werden begehren zu sterben und der Tod wird sie fliehen, und hienieden auf Erden rufen wir zu dir, wenn dein Herz in Angst ist, du wollest dich führen auf einen hohen Felsen und dich hinunterhaun, weil es zu allem längst zu spät ist, weil da überhaupt nur noch das etwas bringt, nämlich das rasche Ende, jedem kann ich das empfehlen, einen freiwilligen Exitus wenn es dann soweit ist, dass die uns überrennen, dass sie uns einnehmen von allen Seiten die Zecken, diese Viren, die sich so schnell vermehren dass man mit dem Schauen nicht mehr nachkommt, allein das ist dann noch zu tun wenn es heißt Rien ne va plus, da musst du dich heimdrehen, ja da musst du noch viel näher heran an diesen Boden, diesen kranken Pofel, der bereits jetzt beginnt und den niemand stoppt, daher sage ich dir, du musst dann eingehen in die Gründe, die du dir gemacht, in deinen Boden, in die unreinen Kulturen, diese von euch allen unwiederbringlich verseuchten Drecksböden, und eigentlich willst du das doch, dich dann da reinlegen, hinunter zu den Ausgeburten, den Missgeburten, denn wenn der Gerechte sich kehrt von seiner Gerechtigkeit und Böses tut, so muss er sterben und du musst um deiner Bosheit willen, die du getan, sterben, wahrlich ich sage dir, dass du dich dann umbringen musst, sterben, vergehen, auseinanderfahren, da musst du dich in die Luft sprengen und dabei gleich ein paar weitere in den Tod mitreißen, ja erhängen musst du dich, aus dem Fenster springen, da kannst du gleich hingehen zum Fenster und dich raushaun in deinem Elend, den Kopf kannst du dann ins Backrohr legen und den Gashahn aufdrehn, dir ein Feuer machen du Trottel, ja geh ins Wasser, ersäuf dich, schneide dich auf, erschieß dich, leg dich aufs Gleis, erstick dich, zerreiß dich, zersetz dich doch.

„Unsrer Sache besondere Gärung“

Helmut Gollner

Der prominente deutsche Germanist Karl-Heinz Bohrer hat einmal sinngemäß erklärt, dass er die österreichische Literatur besonders hochschätzt, weil sie ästhetisch und moralisch verlässlicher unverlässlich ist als die deutsche.

Voilà, Lydia Haiders neues Buch mit dem programmatisch unverschämten Titel *Wahrlich fuck you du Sau, bist du komplett zugeschissen in deinem Leib drin* ist ein Prachtexemplar solcher „Afterliteratur“, die die Literatur wieder spannend macht, indem sie ihre Grenzen überschreitet, nein, mit mächtigem Getöse sprengt: Landgewinn! Es gibt so viel Sprache jenseits der Grenzen.

Lydia Haider, Jahrgang 1985, Mutter zweier Kinder, ist Dichterin (zwei apokalyptische Romane: *Kongregation*, 2015 und *rotten*, 2016, ein dritter, *Orgie mit Schriftstellerin*, liegt noch in der Schublade), Literaturherausgeberin und -veranstalterin, Dissertantin (über Thomas Bernhard und Ernst Jandl), Bandleaderin, feministischer Burschenschafter; schlägt überall zu, wo sie ihre widerständige Kreativität gefordert sieht; und sagt: dass sie sich die Abgründe erfinden müsse, die es in unserer total lebens- und sozialversicherten Welt nicht mehr gebe, dass sie wenigstens im Fiktiven das andere Spektrum des Fühlens und Sprechens ausarbeiten müsse, um sich und die Welt nicht zu halbieren. Sie zerstört und insultiert gerne, gerade weil sie es „vom geheizten Zimmer aus“ tun könne. Sie will – sprachgierig und sprachmächtig – die ganze Sprache durchkauen und nicht nur ihre wohlschmeckenden Teile. Sie pflegt eine wüste Mischung unterschiedlichster Sprachebenen. Wenn man die vulgäre, die faschistische, die frauenfeindliche Sprache zu Mund nimmt, die biblische Sprache blasphemisch intoniert, wenn man asozial, inhuman, aggressiv und mordlustig spricht, dann ist man schon draußen aus der Literatur, oder man hat sie gehörig aufgemischt.

Zum Buch: Wer spricht? Wer schimpft da?
Ein Wir, dessen Plural für die Autorin etwas von der diffusen Macht einer Gruppe abwirft, ohne sich individuell deklarieren zu müssen. (Das diffuse Machtpronomen Wir setzt Haider auch in ihren Romanen ein; sie ist fasziniert von der Ausübung und vom Erleiden willkürlicher Macht.) Bisweilen meldet sich der Sprecher – er ist eindeutig männlich – auch mit Ich, vor allem wenn es direkt gegen den Leser geht.

Die Stimme hat Rollenprägung: faschistoider Erzreaktionär, misogyner Macho-Patriarch, Nazi mit Gottes- , mindestens Bibelstimme, Heimat, Blut- und Boden-Chauvinist, Rassist und Fremdenhasser, Kunstreaktionär ... Lydia Haider spricht von ihren Gegnern aus. Aber ihre Sprachwut/Wutlust/Lustsprache ist zu groß, um am Rollensprech allein Genüge zu finden, ist nicht zu halten von einer Imitationspflicht gegenüber den Rollen und überhaupt nicht von einer Referenzpflicht gegenüber den Dingen. Ihre Sprachwutlust schießt über die Dinge hinaus, ihre Beschimpfungen lösen sich vom Beschimpften in einen geradezu abstrakten, selbstgenügsamen Sprachraum, in dem es aber richtig hallt: Erst jenseits von Rollen- und Dinggrenzen beginnt die große Freiheit, in der die Stimme ohne Rücksicht ihren eigenen Impulsen folgen kann. Wir kennen diesen Genuss auch von Thomas Bernhard: die spiralförmige Steigerung der Beschimpfungen ins Maßlose, Aberwitzige und Witzige.

Wenn die Stimme sich zum Beispiel hermacht über die Musik, dann zieht sie ihre Beschimpfungskoloraturen in absurde Höhen (die Genrebezeichnung des Buches ist „Ein Gesang“): „dieser Dreck“, „der breitgetretene Topfen“, „der hingespiebene Senf“, „die Bestie“, „eine immer strenger vertrottelnde Hörsau“, „verbrunzter Tonholocaust“, „der sukzessive die Ohrli abtötet“. Die Konsumenten dieser Musik: „akustisch so minderbegabt wie das Innere einer Waschmaschine“, „die erbärmlichen Unhörenden, auf ewig unbrauchbaren Ausreibhadern, die nur noch weggeworfen werden können wie ein bis an den Rand vollgesogenes Tampon". Dort, wo der Gesang in seiner Maßlosigkeit die Dinge und die Rolle hinter sich lässt, wo er nur mehr für sich singt, wo die Wut aufhört und der Spaß anfängt, dort beginnt Lydia Haiders eigenste Stimme: Wenn die Musik sich auf das Trommelfell stürzt, „natürlich schnalzt das dann leichtfüßig auseinander wie ein Kindertrampolin, auf das tausend fette Bauernschweine gleichzeitig draufgeworfen werden". – Und wenn die Stimme uns Unwürdigen den Satan schickt, um uns die Mäuler zunähen zu lassen, kostet Haider genießerisch die schmerzlichen Details des Mundzunähens aus, ihre sprungbereite Insultierungsfantasie weiter zu entzünden: „mit festen Stichen hinein und einem guten Faden, der auch hält, kleinmaschigst genäht und zugezogen mit einem Ruck".

Haider-Sound liegt im Ungemäßen, d. i. letztlich die Geringschätzung des Beschriebenen im Selbstgenuss des Schreibens: die Übertreibung, die Maßlosigkeit, der Unernst, die Unart, also Verweigerungen des ordentlichen Referenzdiensts, Selbstherrlichkeit der Sprache; Selbstherrlichkeit, unvoreingenommen betrachtet, ist ein schönes Wort. – Natürlich ist es lächerlich, sich angesichts von Flip Flops oder der spanischen Sprache in einen Beschimpfungsfuror zu steigern. Natürlich kommen Haiders Publikumsbeschimpfungen viel deutlicher aus ihrer abstrakten Schimpflust als aus konkreten Eigenschaften der Beschimpften („Machokofferanten", „ihr Suppenbrunzer", „Hirnederl", „du Schaßaugerter", „du grenzdebiler Nasenbluter du", „hirnlose Komplettpfosten", „Schaßtrommeln", „du Haufen Faschiertes auf zwei Beinen" ...). Dasselbe gilt für ihre gerade im Grauslichsten zelebrierte Sinnlichkeit: Konsistenz, Farbe, Geruch, z.B. im Fett der Übergewichtigen oder im Darm. Natürlich ist es reine Sprachfreude und nicht Sachnotwendigkeit, wenn Haider zungenschnalzend entlegenste Fremdwörter einbezieht, die den Leser ins Internet oder ins Fremdwörterbuch zwingen (Asoten, abderitisch, Fäzes, Eubulie, Flokatipuderer …) oder ihre Schimpffantasie aus dem Fundus der Wiener Schimpfkreativität nährt und mit deren Unverständlichkeit vielleicht den deutschen Leser frustriert. Ganz bei sich scheint Haider am Schluss, wenn sie, nachdem sie ihre Stimme eine Strecke lang brav dem Nazi geliehen hat, den Leser schlankerhand zum Selbstmord auffordert und ihm dafür insgesamt 16 Vorschläge zur Durchführung unterbreitet.

Haiders Sprache ist erstens ungebärdig:
Im Roman *Orgie mit Schriftstellerin* findet sich eine Passage, die gut als Beschreibung ihres Schreibens gelten kann: „Da fährt es aus ihr heraus wie Blut an einem starken Tag der Menses, wie mit Pauken und Trompeten bricht eine Sturzgeburt los, eine Sintflut rinnt heraus aus dem Schädel, aus der Hand, prasselt auf die Sprache ein in einem Fuhrwerken dass einem willfahrig wird dabei, und sie gräbt sich hinein in die Texte wie eine Gräberin in ihre eigene Grube, macht tiefe Löcher in Form und Stilwerk, dass es nur so scheppert, denn genau so soll es sein, und so hebt sie eine Kunde an, von der das kleinste Wort die Seele dir zermalmt, dein dummes Blut erstarrt, deine Augen wie Steine dir rausfallen aus ihren Kreisen, dir deine verworrnen Locken spaltet und sträubt dir jedes Haar empor, wie Nadeln an dem zornigen Wolfsvieh Arzt, ja diese ewige Offenbarung fasst kein Hirn von Fleisch und Blut. Und doch sind es nur wirblichte und irre Worte.“ – Haiders Sprache missachtet die majestätischen Regeln der Literatur, alles moralische und ästhetische Wohlverhalten. Es gibt eine Schönheit der Verunstaltung, des Unflats und der Zerstörung.

Haiders Sprache ist zweitens herrisch:
eine Selbstaufwerfung, Selbstermächtigung; gerade im vorliegenden Buch: eine Form der Machtausübung, nie de-

skriptiv, immer aggressiv, nie gerecht, immer willkürlich, weil die Machtausübung erst ungerechtfertigt zum wahren Machtgenuss verhilft. Dafür besteigt Haider mit ihren Verkündigungen gern die Kanzel oder gleich den Thron Gottes. Hier ist die Macht am sichersten vor Argument und Kontrolle.

Haiders Sprache ist drittens komödiantisch:
Sie lacht im Schimpfen, Maßlosigkeit ist auch eine Form des Jubelns, Rollensprache eine Form des Theaterspielens, Haider genießt die Masken des Bösen (aber nicht alles Böse ist nur Maske!). Das Buch ist außerdem voll Selbstironie: Es geht gegen die Anmaßung der vielen „peinlichen" Jungschriftstellerinnen, sich in die hehre Literatur hineinzudrängen, „nur weil wir ihnen erlaubt haben, zu studieren und sich ein bisschen weiter weg von Herd und Kindsbett zu bewegen". Wie kann sich denn ein „Fotzenkörper" vergleichen mit dem Denkkörper eines Mannes? „Eine Frau kann immer nur so weit denken, bis wohin sie das Zimmer fertig zu wischen hat".